Michael Wesely
Neue Nationalgalerie
160401_201209

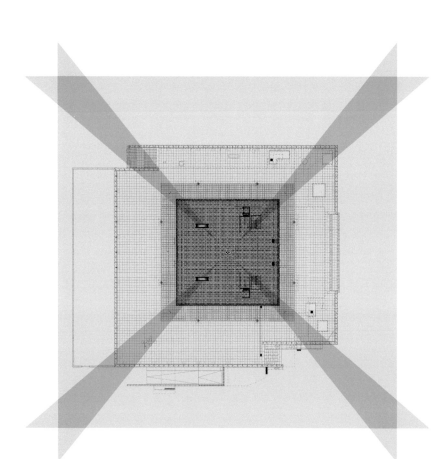

Michael Wesely
Neue Nationalgalerie
160401_201209

HATJE
CANTZ

16. März 2016 / March 16, 2016
Kameras / Camera setup

Inhaltsverzeichnis

Table of Contents

12. November 2019 / November 12, 2019

Spuren der Verwandlung.
Michael Weselys Aufnahmen zur Sanierung

Joachim Jäger

Paul Cézanne, einer der großen Wegbereiter der westlichen Moderne, hat in einem Brief geschrieben: »Man muss sich beeilen, wenn man etwas sehen will, alles verschwindet.« Cézanne liebte die Natur, sah Technik und Zivilisation eher als Gefahr und plädierte eben stark dafür, den Blick ganz auf den gegenwärtigen Augenblick zu richten. Er bereitete mit diesen Ideen natürlich die Kunst des Impressionismus vor, etwa die Malerei eines Claude Monet, die ganz auf dem Eindruck von momentanen Naturerfahrungen beruht.

Michael Weselys künstlerisches Vorgehen ist diesem Denken diametral entgegengesetzt, auch wenn die Ansichten zur Neuen Nationalgalerie, die über einen Zeitraum von mehreren Jahren entstanden sind, ebenfalls sehr »impressionistisch« wirken mögen. Dies hat vor allem mit der Unschärfe zu tun, die diese Ansichten auszeichnet. Ziemlich klar und scharf zeigt sich lediglich das Unbewegliche der Architektur, vor allem das Dach des Gebäudes, die Versorgungsschächte, die weite Bodenfläche der Halle. Die vielen Unschärfen jedoch lassen die Fotos wie spontane Momentaufnahmen erscheinen, eben weil gerade dies mit der Fotografie gewöhnlich verbunden wird: sie gilt als das Medium des Augenblicks. Aber Michael Wesely macht das Gegenteil damit – er verweigert sich dem Augenblick, wie er selbst gerne sagt. Er benutzt die Kamera, um Zusammenfassungen zu schaffen, künstlerische Resümees von Handlungen, von Leben, von Prozessen. Bei ihm wird etwas sichtbar, gerade weil diese Aufnahmen so lange dauern, weil so viel Zeit vergangen ist.

Da ist zum einen dieses seltsame, überblendete Licht, das alle Langzeitfotografien von der Halle auszeichnet und das sich keiner spezifischen Tageszeit mehr zuordnen lässt. Die Fotos zeigen nicht einen Sonnenuntergang, sondern Hunderte. Und dann sind da diese ebenfalls rätselhaften, fast geisterhaften Objekte, die man nicht ganz erkennen kann, die halb anwesend, halb abwesend sind. Je länger man hinsieht, desto mehr solcher »Halbwesen« bevölkern diese Ansichten. Es sind Objekte, die manchmal gerade noch Körper und Konturen aufweisen, durch die man jedoch zugleich hindurchsehen kann. Auch dieses visuelle Phänomen hat mit den Zeitebenen zu tun, die sich in dieser Form der Fotografie – über lange Belichtungszeiten hinweg – überlagern. Michael Weselys Zeitarbeiten wirken wie farbige Aquarelle – oder wie eine feinziselierte Hinterglasmalerei, die durchscheinend ist und von einer Ästhetik gestaffelter Farbschichten lebt. Anders als bei üblichen Pressefotos – übrigens auch anders als bei der Fotografie etwa von Wolfgang Tillmans – lebt diese Fotografie nicht allein von Ausschnitt und Motiv. Viele Motive von Tillmans – und auch Pressefotos – funktionieren zumeist in verschiedenen Größen: die abgebildeten Motive oder Ausschnitte erzielen dabei im Kleinen wie im Großen ihre Wirkung oder Strahlkraft. Bei Michael Wesely hingegen braucht es fast durchgängig ein größeres Format, damit zum Vorschein kommt, was der Lichtbildner eigentlich aufnehmen will: nämlich das Leben, das sich im Motiv selbst ereignet. Die vielen Details, die Spuren und Schleier, die dem Motiv eingeschrieben, in ihm gefangen sind. Erst in der Vergrößerung werden sie so richtig sichtbar. Das ist einer der Gründe, warum auch dieses Buch in einem größeren Format erscheint. Auch hier, im Abdruck der Arbeiten, kommt es auf die Details an.

Vieles von Michael Weselys künstlerischer Haltung erinnert an das schöne Gedicht »Die gestundete Zeit« (1953) der Schriftstellerin Ingeborg Bachmann. Dort heißt es:

> Bald mußt du den Schuh schnüren
> und die Hunde zurückjagen in die Marschhöfe.
> Denn die Eingeweide der Fische
> sind kalt geworden im Wind.
> Ärmlich brennt das Licht der Lupinen.
> Dein Blick spurt im Nebel:
> die auf Widerruf gestundete Zeit
> wird sichtbar am Horizont.

Zeit begegnet hier, im Gedicht, als etwas Variables, Individuelles. Man kann sie aufheben, aufbewahren. Zeit erscheint am Horizont und wird als Spur, als Zeichen erfahrbar. Das ist auch bei Michael Wesely so. Seine Bilder sind eingefrorene Lebensbilder, im Grunde auch eine Form von »gestundeter Zeit«. Die hellen Überblendungen in der Fotografie sind gewissermaßen die »Nebel«, in denen die Zeit hier ebenfalls »am Horizont« sichtbar wird. Gleichzeitig geht es um die Aufbewahrung – um gestundete Zeit, um gestundetes Leben, das hier, wie in einer Versuchsanordnung, vom Künstler festgehalten wird. Denn Wesely legt ja »nur« den Rahmen fest, die Belichtungszeit – und überlässt alles andere dem zufälligen – oder dem im Verlauf der Baumaßnahmen geplanten – Geschehen.

Von daher hat man Michael Weselys künstlerischen Ansatz auch mit dem Musiker John Cage in Verbindung gebracht, der mit Zufallsstrukturen arbeitete und die Musik für die Geräusche des Alltags öffnete. Ähnlich wie Cage, der für 4 Minuten 33 Sekunden (in seinem berühmten Stück *4'33"*) den Klavierdeckel hebt und senkt und alles in diesem Zeitraum zu »Musik« erklärt, zeichnet Michael Wesely alles auf, was sein Apparat im vorher festgelegten Zeitraum vor die Linse bekommt. »Ästhetik der Indifferenz« hat man das bei Cage genannt, also eine Haltung der Zurückhaltung, eine sehr konzeptuelle Arbeitsweise auch.

Emotionalität erreicht diese scheinbar so sachlich und nüchtern angelegte Fotografie durch einen melancholischen Gestus. Denn das eigentlich Irritierende an diesen Fotos ist, dass der Mensch nicht vorkommt. Die zahlreichen Personen, die an einer so umfangreichen Sanierung wie der Neuen Nationalgalerie beteiligt waren – Mitarbeiterinnen und Mitarbeiter von Baufirmen oder Bauleitung, von Ingenieur- und Architekturbüros, bis hin zu Besucherinnen und Besuchern – bleiben allesamt unsichtbar. Was in der ganz frühen Fotografie im 19. Jahrhundert als großer Makel angesehen wurde, nämlich dass sich bei langen Belichtungszeiten nur feste, unbewegliche Dinge abbilden ließen, ist hier gewollt. Michael Wesely richtet den Blick ganz am Menschen vorbei auf die Dingwelt, die uns umgibt, die uns prägt und die uns in Teilen auch überleben wird – gerade bei einem Denkmal wie der Neuen Nationalgalerie.

Gleichwohl die Fotografie etwas Vergangenes zeigt, ein Vor-Leben sozusagen, ist darin in melancholischer Weise auch der Blick auf ein Nach-Leben zu erkennen. Nicht wir, die Menschen bleiben im Bild gespeichert, sondern die Objekte, das Haus und die Spuren ihrer Bearbeitung. Dies alles ist für ein bauliches Sanierungsprojekt natürlich besonders passend. Denn insbesondere hier – bei einer Sanierung – geht es stark um ein Vorher und ein Nachher, und ebenfalls um eine möglichst große Unsichtbarkeit der Handlungen selbst. Die Reparaturen und Eingriffe sollten ja nicht selbst zum Thema werden, sondern lieber im Schatten der Aufmerksamkeit bleiben. Mit Michael Weselys Fotografien allerdings geraten alle Spuren, alle Handlungen noch einmal ins große Rampenlicht.

Traces of Transformation:
Michael Wesely's Photographs of the Renovation

Joachim Jäger

Paul Cézanne, one of the great pioneers of Western modernism, wrote in a letter, "You have to hurry up if you want to see something, everything disappears." Cézanne loved nature, saw technology and civilization as dangerous, and strongly advocated focusing the gaze entirely on the present moment. With these ideas, he naturally paved the way for the art of Impressionism, including the paintings of Claude Monet, which are based entirely on impressions of the momentary experience of nature.

Michael Wesely's artistic approach is diametrically opposed to this way of thinking, even if his photographs of the Neue Nationalgalerie, which were created over a period of several years, may also appear highly "impressionistic." This has mainly to do with their characteristic blurriness. Only the immovable parts of the architecture, especially the roof of the building, the supply shafts, and the wide floor of the hall, are shown somewhat clearly and sharply. The amount of blur elsewhere, however, makes the photos seem like spontaneous snapshots, precisely because this is what is usually associated with photography: it is considered the medium of the moment. But Wesely does the opposite—he refuses the moment, as he likes to say. He uses the camera to create summaries, artistic resumés of actions, lives, processes. With him, something becomes visible precisely because these shots take so long, because so much time has passed.

On the one hand there is this strange, dissolving light that characterizes all the long exposures of the hall, and that cannot be assigned to any specific time of day. The photos show not one sunset, but hundreds. Then there are these equally enigmatic, almost ghostly objects that you cannot quite make out, which are half present, half absent. The longer you look, the more such "half-beings" populate these views. These are objects that sometimes have bodies and contours, but that one can see through at the same time. This visual phenomenon also has to do with the temporal planes that overlap in this form of photography

because of the long exposure times. Wesely's time works seem like colorful watercolors—or like translucent, finely chased reverse glass paintings animated by an aesthetic of graduated layers of color. Unlike the usual press photos—and for that matter also unlike the photography of Wolfgang Tillmans—this style does not rely on cropping and motif alone. Many of Tillmans's motifs—and press photos—usually work at different sizes: the motifs or details depicted achieve their effect or radiance on both a small and large scale. In Michael Wesely's work, on the other hand, a large format is almost always needed in order to reveal what the photographer actually wants to capture—namely, the life that takes place in the motif itself: the many details, the traces and veils that are inscribed in the motif, trapped within it. Only in enlargement do they really become visible. This is one of the reasons why the book is published in large format. Here, too, when the works are printed, it is the details that matter.

Much of Wesely's artistic approach is reminiscent of the beautiful poem "Die gestundete Zeit" (Time deferred, 1953) by the writer Ingeborg Bachmann. There we read:

> Soon you must lace up your boots
> and drive the dogs back to the marshland farms.
> For now the guts of fish
> have chilled in the wind.
> Feebly burns the light of the lupins.
> Your gaze scans the fog:
> time deferred
> lights up the horizon.

Time is encountered here, in the poem, as something variable, individual. One can pick it up, keep it. Time appears on the horizon and can be experienced as a trace, as a sign. This is also the case with Wesely. His pictures are frozen images of life, basically a form of "deferred time." The bright blurs in the photographs are the "fog" in which time becomes visible "on the horizon." At the same time, it is a

matter of preservation—of deferred time, of deferred life, which is captured here by the artist as if in an experimental arrangement. After all, Wesely "only" sets the frame, the exposure time, leaving everything else to chance, or to what is planned in the course of construction.

This is why Wesely's artistic approach has also been associated with the musician John Cage, who worked with random structures and opened music to the sounds of everyday life. Like Cage, who raised and lowered a piano lid for four minutes and thirty-three seconds (in his famous piece *4'33"*) and declared everything in this period to be "music," Wesely records everything that gets in front of the lens of his apparatus in the predetermined period. The aesthetics of indifference—that is what Cage called it: i.e., an attitude of restraint as well as a highly conceptual way of working.

This seemingly sober, matter-of-fact photography achieves emotionality through a melancholic gesture. What is disconcerting about these photos is that people do not appear. The many people involved in such an extensive renovation as that of the Neue Nationalgalerie—employees of construction companies, of site management, of engineering and architectural offices, and even visitors—all remain invisible. What was seen as a major flaw in the very early photography of the nineteenth century—namely, that with long exposure times only fixed, immobile things could be depicted—is precisely what is intended here. Wesely directs the gaze beyond the human and into the world of things that surrounds us, that shapes us and that will also in part survive us, which is especially the case for a monument like the Neue Nationalgalerie.

Although the photograph shows us something that is past, a before-life, so to speak, it also shows a melancholy view of an afterlife. It is not we, the people, who remain stored in the picture, but the objects, the building and the traces of its treatment. All this is of course particularly appropriate for a structural renovation project, because here especially—in a renovation—it is really about a before and an after, and likewise about the greatest possible invisibility of the actions themselves. The repairs and interventions should not themselves become the subject of discussion, but rather remain in the shadows. With Michael Wesely's photographs, however, all the traces, all the actions once again enter into the limelight.

Substanzerhaltung

Alexander Schwarz

»Denn die seelen der menschen kann man wohl betrügen, aber nicht die seele des materials«, schreibt Adolph Loos in seinem 1912 erschienenen Aufsatz »Das Mysterium der Akustik«. Hier beantwortet er die Frage, ob der Bösendorfersaal im Palais Liechtenstein in der Herrengasse in Wien erhalten werden sollte, mit der Behauptung, dass dies keine Frage der Pietät, sondern eine Frage der Akustik sei, die nämlich nur deswegen so gut sei, weil die Musik, die in ihm stattgefunden hat, so gut war. Die genaue Kopie dieses Saales wäre vollständig »unakustisch« und durch die anhaltende Aufführung schlechter Musik – beispielsweise schmetternde Militärmusik – könne die Akustik auch zerstört werden.

> Das material hat durch vierzig jahre immer gute musik eingesogen und wurde mit den klängen unserer philharmoniker und den stimmen unserer sänger imprägniert. Das sind mysteriöse molekularveränderungen, die wir bisher nur am holze der geige beobachten konnten. [...] Im mörtel des Bösendorfersaales wohnen die töne Liszts und Meschaerts und zittern und vibrieren bei jedem tone eines neuen pianisten und sängers mit. Das ist das mysterium der akustik des raumes.

Was stattgefunden hat, ist anwesend. Hier ist es gewesen und so war es, weiß das Material. Wäre dem so, so wäre ein Raum, der seit vierzig Jahren wie damals der Bösendorfersaal oder wie heute die Halle der Nationalgalerie von Mies van der Rohe seit fünfzig Jahren permanent bespielt wurde, nicht nur historisch wegen der Permanenz seines Daseins, sondern auch wegen dem, was darin permanent stattgefunden hat – vor allem wegen der Kunst. Dabei ist nicht nur die Existenz des Ortes entscheidend – was einen Ort hat, hat stattgefunden, der Ort ist der Beweis: hier ist es gewesen –, sondern das Gewesene, nun Abwesende wäre immer noch als physische Erscheinung im nicht messbaren Bereich, quasi homöopathisch anwesend. Das Auratische, die Nähe eines Entfernten, das nicht nur als körperlose Information vorliegt, sondern auch als physische Erscheinung im Material, die nicht abbildbar im Stoff wohnt, sorgt dafür, dass alle Kunst und die Begegnung mit ihr hier anders resoniert als sonst wo.

Was aber hier in der Neuen Nationalgalerie während der letzten Jahre, von 2016 bis 2021 – eine beträchtliche Zeitspanne, immerhin ein Zehntel der Zeit ihres Daseins – stattgefunden hat, war allerdings nicht Kunst, sondern die Restaurierung des Hauses. Eine Restaurierung, die sich zum Ziel gesetzt hat, nahezu autorenlos und unsichtbar zu sein. Die Restaurierung eines modernen Gebäudes, die das Gebäude nicht in den Zustand des Neu-Seins zurückversetzt, indem das Haus durch seine genaue Kopie ersetzt wird, sondern die daran glaubt, dass das Material, der Stoff und was vielleicht von dem, was war, in ihm wohnt, möglichst erhalten werden muss. Eine Restaurierung, die es vermeidet, im Loos'schen Sinne wie eine schmetternde Militärkapelle durch das Haus zu marschieren.

In diesen fünf Jahren wurde, was sich zwischen dem Stoff, aus dem die Nationalgalerie besteht, und dem Raum, den der Stoff freigibt, ereignet, von den vier Überwachungskameras Michael Weselys kontinuierlich aufgenommen. Für die Zeit seiner Restaurierung wurde so der Stoff davon entlastet, selbst aufzunehmen, was sich ereignet. Das Stoffliche, sein Erscheinen und sein Verschwinden war selbst das Ereignis.

Das kann man sehen auf Weselys Bildern, die keine Handlungen aufnehmen, sondern stoffliche Anwesenheiten und Abwesenheiten notieren. Nur was während der gesamten Zeit in situ blieb, erscheint opak, was nicht am Ort blieb, wird durchscheinend, oder bleibt unsichtbar, wenn es sich nur kurz ereignete. Opak zeigt sich der gewaltige Stahlrost des Daches und die acht Stützen oder Säulen, die den Rost hochstemmen und den Raum freigeben. Merkwürdig klein erscheint der Raum auf den Bildern, da man nie einen Menschen sieht und da der Augpunkt der Kameras weit über der Aughöhe der Menschen in der Mitte des Raumes liegt und die Blickrichtung der Kameras perfekt horizontal ausgerichtet ist, sodass Decke wie Boden im gleichen Winkel fluchten. Es ist, als würde der Raum selbst zur Kamera, zur Kammer, in der die Dinge, die sich im Raum und vor ihm ereignen, abgelichtet werden, sofern sie im Licht erscheinen und – was Menschen nicht tun – eine Weile in Ruhe bleiben. Die permanenten Aufnahmen verdichten sich schließlich zu einer gewaltigen Partitur, die über fünf Jahre stoffliches Erscheinen notiert. Das Statische, die Materie, die architektonisch raumbildend agiert, zeigt sich und wird dann transparent, wenn sie auf Dauer wieder verschwindet. Das Auftauchen der statischen Materie im Raum überlagert sich im Bild tausendfach und erzeugt ein Flirren, ein Zittern und Vibrieren, als handelte es sich um eine Art Bewegung oder akustische Erscheinung. Auf den Bildern Weselys, Werke, die von 2016 bis 2020 in der Neuen Nationalgalerie entstanden sind und damit den Kunstbetrieb vor Ort während der Restaurierung am Leben halten, wird eine animierte Welt der statischen Dinge sichtbar, als wäre das Material beseelt.

Material Preservation

Alexander Schwarz

"For the souls of men may well be deceived, but not the soul of the material," writes Adolf Loos in his 1912 essay "The Mystery of Acoustics." Here he answers the question of whether the Bösendorfer Salon in Palais Liechtenstein on Vienna's Herrengasse should be preserved with the assertion that this was not a question of reverence, but of acoustics, which were only as good as they were because the music played there was so good. An exact copy of the salon would be completely "unacoustic," and the continued performance of bad music—blaring military music, for example—could even destroy the acoustics.

> For forty years, the material has always soaked up good music and has been impregnated with the sounds of our philharmonic orchestras and the voices of our singers. These are mysterious molecular changes that we have so far only been able to observe in the wood of violins ... the sounds of Liszt and Meschaert live in the mortar of the Bösendorfer Salon and tremble and vibrate with every note of each new pianist and singer. That is the mystery of the room's acoustics.

What has taken place is present. Here it has been and so it was: the material knows. If this were the case, a room where people have played for forty years, like the Bösendorfer Salon at that time, or for fifty years, like the hall of Mies van der Rohe's Nationalgalerie today, would not only be historical because of the permanence of its existence, but also because of what has permanently taken place in it—above all because of the art. Not only is the existence of the place decisive—what has a place, has taken place: here is where it has been—but what has been and is now absent would still be present as a physical phenomenon in the realm of the immeasurable, almost homeopathically. The aural, the proximity of something distant that is not only present as disembodied information, but also as a physical phenomenon in the material, that dwells in the material in a way that cannot

be depicted, ensures that all art and encounters with art resonate differently here than anywhere else.

But what has happened here in the Neue Nationalgalerie over the last few years, from 2016 to 2021—a considerable period of time, after all: one tenth of its existence—was not art, but the restoration of the building. A restoration that moreover set itself the goal of being almost authorless and invisible. The restoration of a modern building that does not return the building to a state of being new, replacing the structure with its exact copy, but that believes in preserving as much as possible of the material, of the fabric, and perhaps of what dwells in it. A restoration that avoids marching through the building in the Loosian sense, like a blaring military band.

During these five years, what has happened between the fabric that makes up the Nationalgalerie and the space freed up by that fabric has been continuously recorded by Michael Wesely's four surveillance cameras. While it was being restored, the fabric was thus relieved of the chore of recording what happened. The material, its appearance and disappearance, was itself the event.

This can be seen in Wesely's images, which do not record actions but rather material presences and absences. Only what remained *in situ* during the entire time appears opaque; what did not remain in place becomes translucent, or remains invisible if it occurred only briefly. The enormous steel grid of the roof and the eight columns or supports that hold it up and free up the space register as opaque. The space seems strangely small in the pictures because you never see any people in them, and because the eye-level of the cameras is far above the eye-level of a human being, and the cameras' line of sight is perfectly horizontal. It is as if the room itself has become a camera, a chamber in which the things that happen are photographed for as long as they appear in the light, and—unlike people—remain at rest for a while. The

permanent recordings finally condense into an enormous score that notes over five years of material appearance. That which is static, the matter that acts architecturally to create space, shows itself and then becomes transparent as it disappears again permanently. The appearance of static matter in the space is superimposed a thousand times in the image and creates a shimmering, a trembling and vibrating, as if it were a kind of movement or acoustic phenomenon. In Wesely's photographs, works created in the Neue Nationalgalerie from 2016 to 2020, thereby keeping the business of art alive during the restoration, an animated world of static things becomes visible, as if the material itself were animate.

N

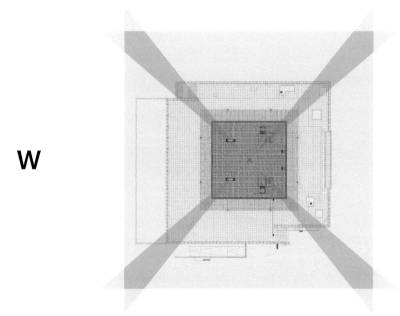

W

E

S

Es folgen vier Aufnahmen in die vier Himmelsrichtungen, die auf Datensätzen aus dem gesamten Zeitraum des Langzeitprojekts vom 1. April 2016 bis 9. Dezember 2020 basieren. Im Anschluss an die vier digitalen Langzeitbelichtungen folgen jeweils Detailansichten, die diesen Aufnahmen entnommen sind und vergrößert reproduziert werden.

The four shots that follow, taken in the four cardinal directions, are consolidated from recordings taken across the complete duration of the long-term project from April 1, 2016 to December 9, 2020. Each of these four digital long exposures is followed by details, taken from these composite shots.

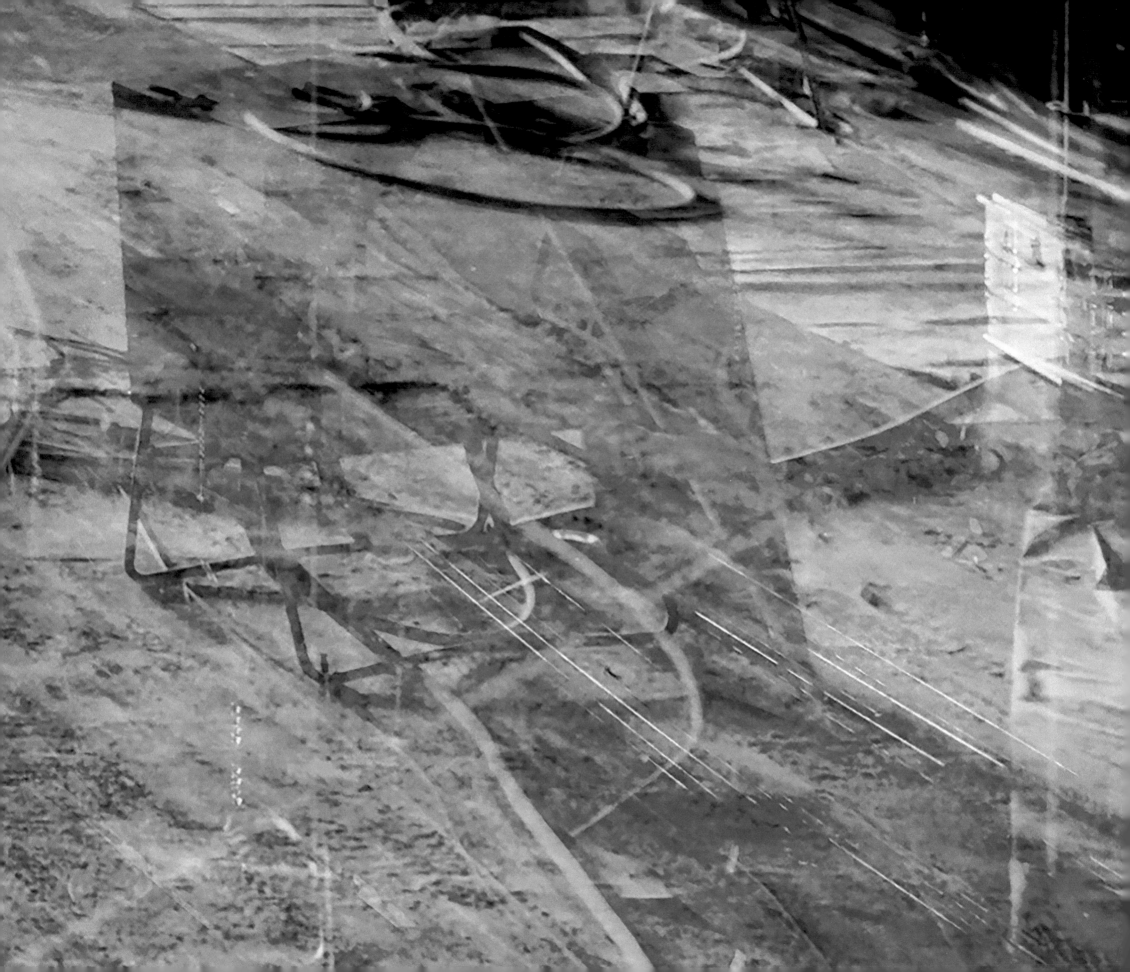

Aufgrund des hohen Datenstroms dieses Projekts ergab sich eine Ordnerstruktur, die alle Aufnahmen jeden Tages für jede der vier Himmelsrichtungen jeweils einem Ordner zuwies, mit dem Datum und der Himmelsrichtung als Dateiname. Der weiterführende Verarbeitungsprozess der Daten erzeugte digitale Langzeitbelichtungen von Sonnenauf- bis Sonnenuntergang jeden Tages von jeder der vier Kameras.

Die folgenden Aufnahmen zeigen eine Auswahl besonderer Tage auf der Baustelle, jeweils eine vollständige Tageslicht-Belichtung. Die Reihenfolge ergibt sich aus den vier Himmelsrichtungen und der Chronologie. In ihrer visuellen Vielfalt entwickeln sie ein faszinierendes Panorama von Baufortschritt, Licht- und Wetterstimmungen.

Organizing the vast data stream produced by this project, required a digital archive system that assigned the photographs taken each day to a separate folder. Image filenames are determined automatically by cardinal direction and date. When processed, the collected data generated digital long exposures from sunrise to sunset each day for each of the four cameras.

The following photographs show a selection of specific days on the construction site, each one a full daylight exposure. They are divided into chapters according to the four cardinal directions, arranged in chronological order. In their visual diversity, they express a fascinating panorama of construction progress, light and weather moods.

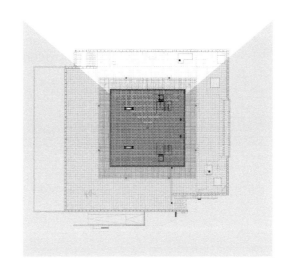

NNG_N_160922

NNG_N_161109

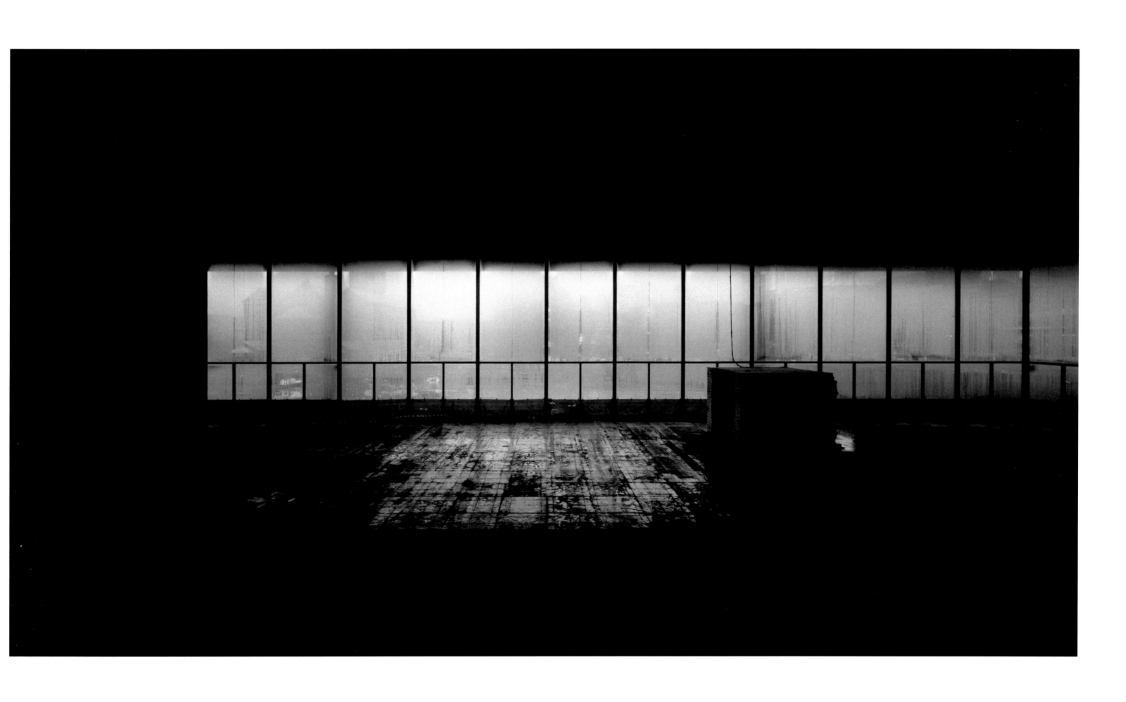

NNG_N_170224

NNG_N_170420

NNG_N_170710

NNG_N_200504

NNG_N_200522

NNG_N_200527

NNG_N_200723

NNG_N_201109

NNG_N_201112

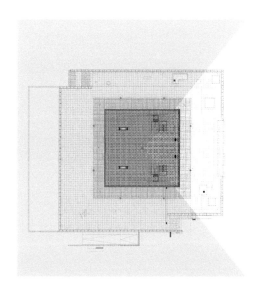

NNG_E_161205

NNG_E_161220

NNG_E_170319

NNG_E_171025

NNG_E_190930

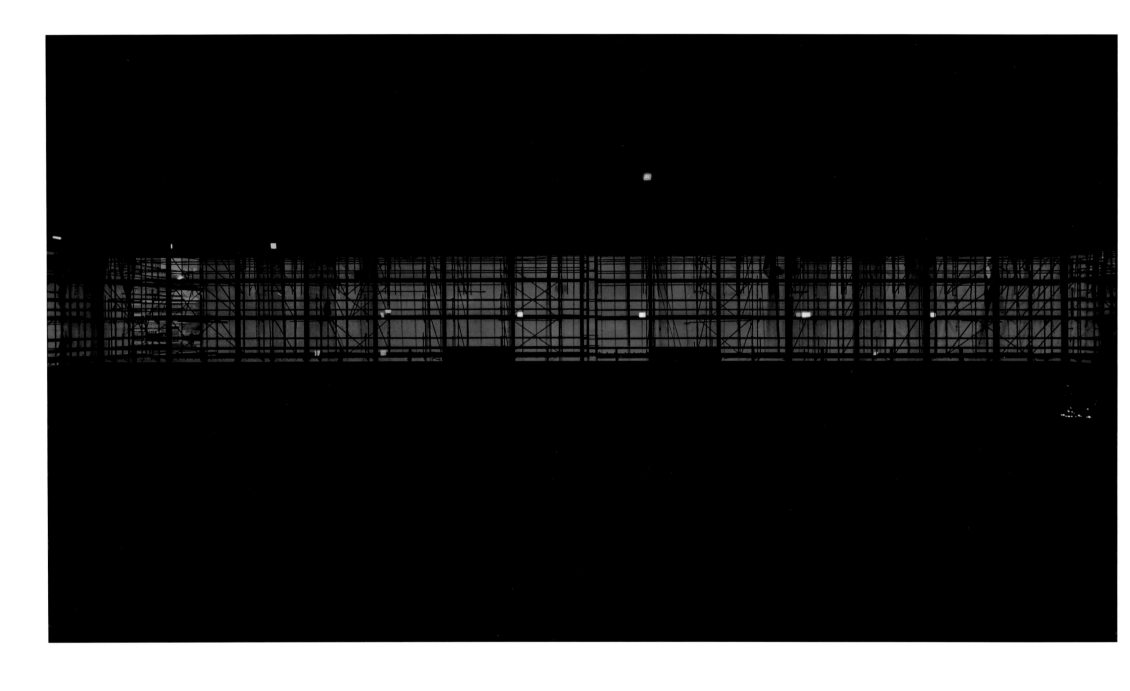

NNG_E_191120

NNG_E_200428

NNG_E_201006

NNG_E_201109

NNG_E_201208

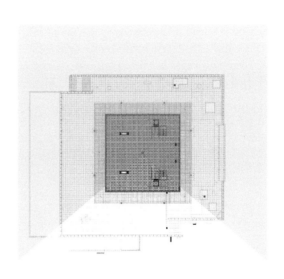

NNG_S_160622

NNG_S_160926

NNG_S_161109

NNG_S_170204

NNG_S_170221

NNG_S 170702

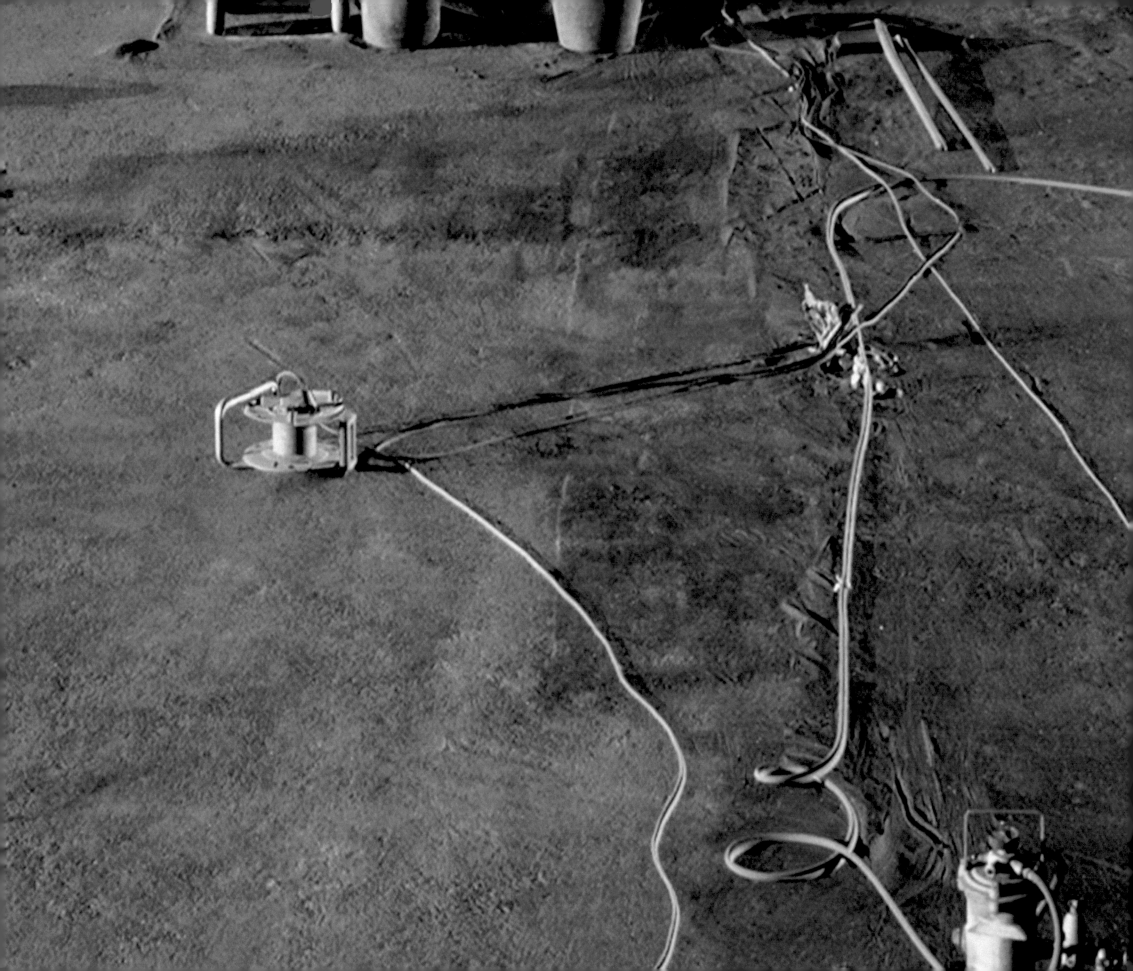

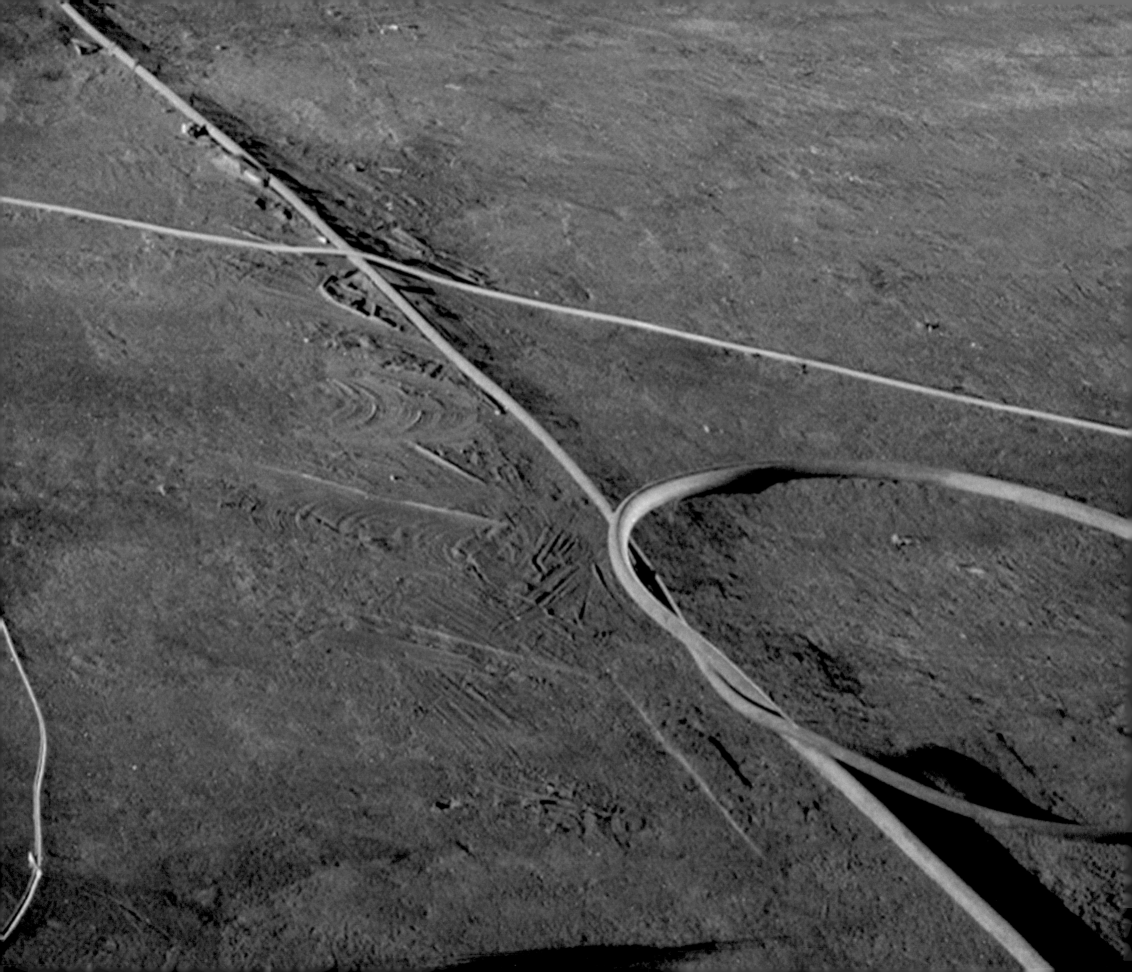

NNG_S_170902

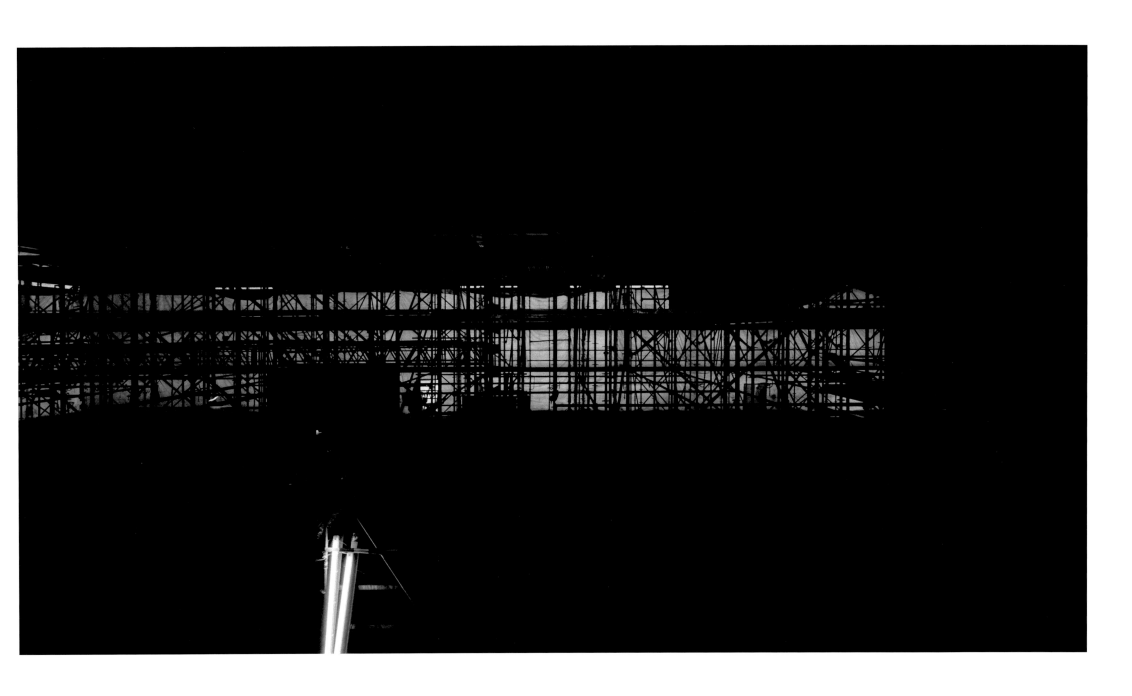

NNG_S_191010

NNG_S_200323

NNG_S_200424

NNG_S_200722

NNG_S_200723

NNG_S_200729

NNG_S_200820

NNG_S_200831

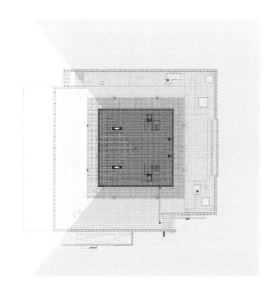

NNG_W_160419

NNG_W_160628

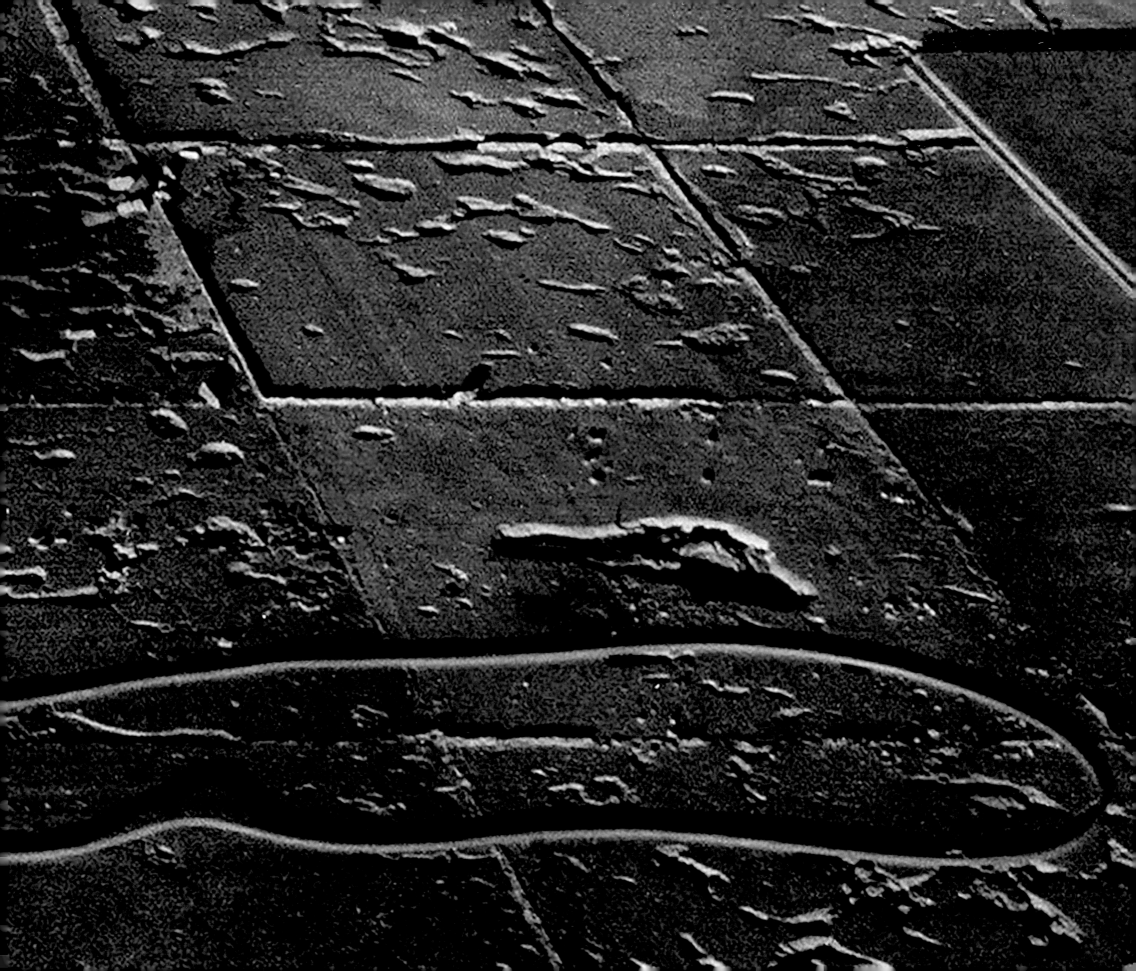

NNG_W_161121

NNG_W_170202

NNG_W_170216

NNG_W_170312

NNG_W_170328

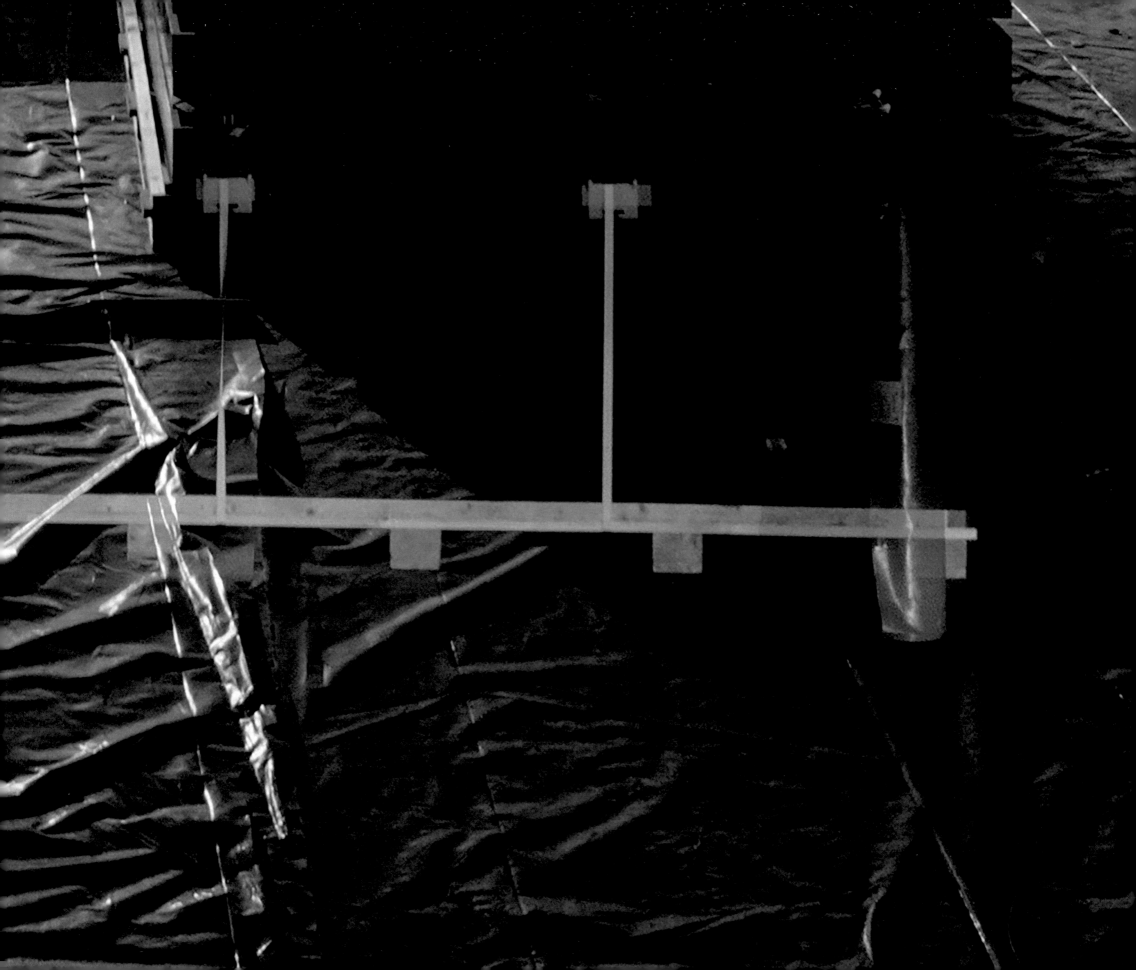

NNG_W_170420

NNG_W_170511

NNG_W_170703

NNG_W_191203

NNG_W_200301

NNG_W_200401

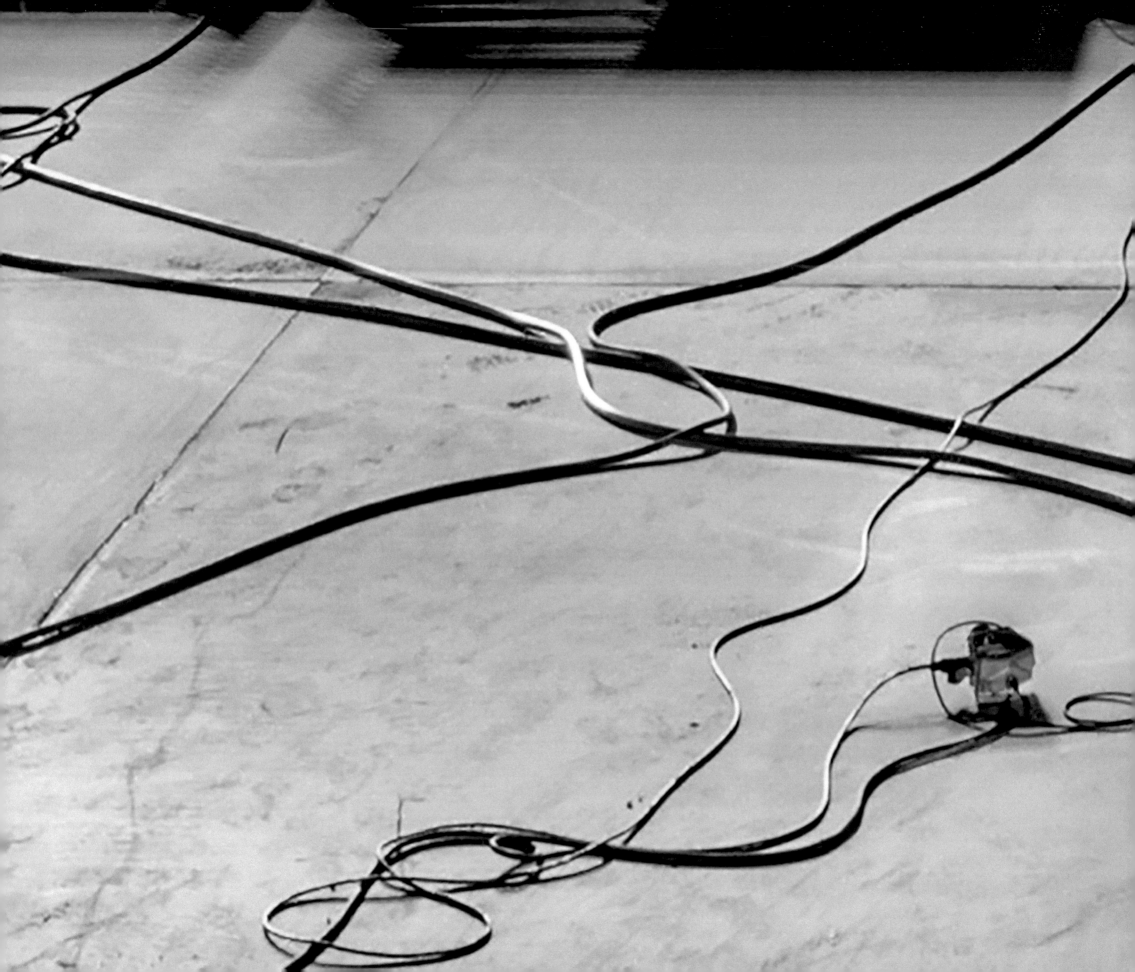

NNG_W_201028

NNG_W_201205

Der Fotograf ist abwesend

Thomas Weski

Als Louis Daguerre 1838/39 die erste Fotografie eines lebenden Menschen aufnahm, war die Lichtempfindlichkeit der von ihm verwendeten, mit Joddampf sensibilisierten, versilberten Kupferplatte sehr niedrig. Er musste daher das Material mehrere Minuten lang dem durch das Objektiv in die Kamera fallenden Licht aussetzen, um ein gut belichtetes Positiv zu erhalten. Die lange Belichtungszeit führte dazu, dass in der Daguerreotypie nur statische Objekte scharf wiedergegeben werden, alle sich bewegenden konnten während der Belichtung keinen bleibenden Eindruck auf der Platte hinterlassen und werden so im Positiv zu verwischten und konturlosen Phänomenen oder verlieren sogar ihre sichtbare Existenz. So sind die Gebäude des Pariser Boulevard du Temple in der Aufnahme zwar technikbedingt seitenverkehrt, aber in umfangreichen Grauwerttönen detailliert wiedergegeben. Der Verkehr auf der belebten Straße, die von Pferden gezogenen Kutschen und die Passanten hingegen haben sich in der Aufnahme in einen nur zu erahnenden Schleier aufgelöst. Einzig der Mann, dem auf dem Bürgersteig die Stiefel poliert werden, hat sich im Gegensatz zum Schuhputzer so wenig bewegt, dass er scharf als einsame Figur in der urbanen Szenerie abgebildet wird.

Mit fortschreitender Entwicklung der Fototechnik wurde das Filmmaterial lichtsensibler und die Kamera schließlich als Handapparat so mobil, dass sie nicht mehr vom Stativ aus bedient werden musste. Die Kombination aus der einwirkenden Lichtmenge, von der Blende im Objektiv reguliert, und der Belichtungszeit, vom Verschluss im Objektiv oder in der Kamera bestimmt, ermöglichte es dem Fotografen nun, seinen Gegenstand scharf, für sich oder eingebunden in die Tiefe seines Umfelds, und festgehalten in der Bewegung abbilden zu können.

Durch diese Gestaltungsmöglichkeiten entstand eine Momentfotografie, die bis heute das Programm und die Ästhetik des Mediums prägt. Der französische Fotograf Henri Cartier-Bresson (1908–2004) hat mit seinen Aufnahmen,

die den Höhepunkt einer Handlung zeigen und so symbolisch für ihren ganzen Verlauf stehen, das Fotografieverständnis ganzer Generationen geprägt. Seine Definition des »entscheidenden Augenblicks« wirkte seit Mitte des vergangenen Jahrhunderts stilbildend und ist bis heute gültig.

In seinen seit Ende der 1980er-Jahre entstandenen Werkgruppen hat Michael Wesely sich bewusst gegen diese Bildauffassung gewendet. Er fotografiert seine Motive mit extrem gedehnter Belichtungszeit, deren Dauer entweder von ihm als Teil des künstlerischen Konzepts festgelegt wird (wie bei der Serie *Fünf-Minuten-Porträts* oder dem Werk *Büro Helmut Friedel, 29.7.1986–29.7.1997*) oder deren zeitlicher Verlauf die Belichtungszeit bestimmt (wie bei den mehrjährigen Errichtungen von Bauwerken wie *Potsdamer Platz, Berlin, 27.3.1997–13.12.1998* oder *The Museum of Modern Art, New York, 9.8.2001–7.6.2004*). Er verwendet dabei analoge, oft selbstgebaute Kameras und reduziert durch den Einsatz von Filtern die auf das Filmmaterial einwirkende Lichtmenge so, dass es nicht zu einer Überbelichtung kommt. Die Langzeitbelichtung des Negativs ist ein kontinuierlicher, linearer Vorgang, welcher der real vergangenen Zeit entspricht und alle in ihr stattfindenden Ereignisse speichert.

In den vergangenen Jahren hat Michael Wesely – teilweise parallel – drei Projekte durchgeführt, die sich mit Bauwerken des deutsch-amerikanischen Architekten Mies van der Rohe (1886–1969) auseinandersetzen, dessen Gebäude stilprägend für die Moderne stehen. Das 1932 im Berliner Stadtteil Alt-Hohenschönhausen errichtete Landhaus Lemke war das letzte Gebäude, das der Architekt vor seiner Emigration 1938 in die USA fertigstellte. Michael Wesely realisierte hier ein Projekt, das die (zeitversetzte) Sicht auf Augenhöhe des ehemaligen Bauherrn Karl Lemke auf die Architektur des Wohnhauses, seinen Garten und den am Ende des Grundstücks liegenden Obersee mithilfe von installierten Kameras nachvollzog, das Ergebnis vor Ort präsentierte und so zwei Zeitebenen im Bild vereinte.

Auf dieses Phänomen spielt auch der Ausstellungstitel *1:100 Past and Present* von 2019 an. Hier dokumentierte der Künstler den Innenraum und den angrenzenden Außenbereich des Mies van Rohe Pavillons in Barcelona ein Jahr lang mit einer Langzeitbelichtung und führte das Werk an seinen Entstehungsort zurück: Das großformatige Bild wurde im Pavillon so installiert, dass es für den Betrachter die Perspektive auf die reale Szenerie ersetzte.

Das dritte Projekt in diesem Kontext widmet sich der Neuen Nationalgalerie, die 1968 in West-Berlin eröffnet wurde. Es ist das einzige Gebäude, das Mies van der Rohe nach seiner Emigration in seiner Heimat realisieren konnte. Nach über fünf Jahrzehnten intensiver Nutzung als Museums- und Ausstellungshaus der Staatlichen Museen zu Berlin, Preußischer Kulturbesitz, wurde für die Renovierung des ikonischen Bauwerks das Berliner Büro David Chipperfield Architects des britischen Architekten Sir David Chipperfield beauftragt.

Die Neue Nationalgalerie gehört mit ihrer stützenfreien Haupthalle, einer Stahlkonstruktion, die durch ihre Glasfassade von Transparenz geprägt ist, zu einem der herausragenden Gebäude des Internationalen Stils und unterliegt als Baudenkmal bei einer Grundinstandsetzung besonderen Anforderungen. Die ebenerdig gelegene offene Haupthalle ist von Materialien wie Glas, Granit, Marmor, Stahl, Bronze und Edelhölzern geprägt. Der darunter gelegene Bereich mit Ausstellungs- und Büroräumen hat eher Funktionscharakter. Als Präsentationsort der Kunst des 20. Jahrhunderts steht das Gebäude mit seiner transparenten und zugänglichen Architektur auch symbolisch für eine demokratische, aufgeschlossene und kulturell interessierte deutsche Nachkriegsgesellschaft.

Die Sanierung der Neuen Nationalgalerie begann im Frühjahr 2016 und verlief in drei Phasen: Zuerst musste das Gebäude für die Instandsetzung vorbereitet werden, schützenswerte und wiederzuverwendende Bauteile unter

Louis Daguerre
Boulevard du Temple, 1838/39

konservatorischen Bedingungen entfernt und anschließend registriert, restauriert und gelagert werden. Anschließend wurden die Rohbausanierung des Stahlbetons, die Ertüchtigung der Stahl-Glas-Konstruktion und die Erneuerung der Wärmedämmung und Klimatechnik durchgeführt. Zum Abschluss erfolgte der Ausbau, bei dem möglichst viele der originalen Bauteile wiederverwendet wurden. Ziel dieser Sanierung war es, einerseits das Gebäude in einen Zustand wie bei seiner Eröffnung vor über fünfzig Jahren zurückzuversetzen und andererseits es zugleich für die geänderten Anforderungen eines heutigen Museumsbetriebs aufzurüsten. David Chipperfield Architects hat bei der Sanierung größtmöglichen Respekt für das Baudenkmal und seinen Architekten praktiziert und keine sichtbaren Eingriffe vorgenommen. Da es so im äußerlichen Erscheinungsbild zu keiner Veränderung kam, bleibt die Arbeit des Architekturbüros »unsichtbar«.*

In der Regel werden im Rahmen von Instandsetzungsarbeiten Fotografen mit einer Baudokumentation beauftragt. Ihre Aufnahmen sollen auf nachvollziehbare Weise die verschiedenen Prozessabläufe festhalten. Die Aufnahmeobjekte werden daher perspektivisch unverzerrt, materialgerecht und scharf wiedergegeben. Je mehr sich die Fotografen bei der Interpretation des Gebäudes zurückhalten, desto erfolgreicher können ihre Aufnahmen in einem möglichen juristischen Streitfall als visuelle Beweisstücke dienen. Weil die Fotografen zugunsten der Glaubwürdigkeit ihrer Dokumente eine Kongruenz von Darstellung und realer Situation anstreben, werden sie wie die mit der Sanierung beauftragten Architekten als Autoren unsichtbar.

Michael Wesely hat im Frühjahr 2016 sein Langzeitprojekt *Neue Nationalgalerie Berlin 160401_201209* begonnen. Der sachlich gehaltene Titel verweist auf das Objekt, den Ort und die Entstehungszeit. Im Zentrum der Haupthalle hatte der Künstler auf halber Raumhöhe vier digitale Kameras installiert, die jeweils in eine der Himmelsrichtungen fotografierten und deren Aufnahmen nebeneinander

angeordnet eine vierteilige Rundumsicht des Innenraums ergaben. Im Gegensatz zu früheren Arbeiten, bei denen die analogen Kameras in einem einzigen Belichtungsvorgang das Geschehen aufzeichneten, ist ein derartiger Einsatz bei digitalen Fotoapparaten technisch nicht möglich, weil die langen Belichtungen zu Ausfallerscheinungen in der Bildqualität führen würden. Jede Kamera erfasste daher in Belichtungszeit von neunzig Sekunden ihren jeweiligen Bildausschnitt und speicherte die anfallenden digitalen Daten. Vom Künstler entsprechend programmiert, begannen die Apparate jeden Tag ihre Dokumentationsarbeit bei Sonnenaufgang und beendeten sie bei Sonnenuntergang. Im Winter entstanden täglich 360 Belichtungsvorgänge, in den längeren Sommertagen 730. Jeder Apparat hat so um die 750 000 Belichtungen vorgenommen. Da digitale Fotoapparate nicht darauf ausgelegt sind, dass ihr Verschluss derart oft ausgelöst wird, gab es immer wieder einen verschleißbedingten Ausfall der Kameratechnik. Die Apparate waren mit einem Computer verbunden und sendeten täglich eine E-Mail als »Lebenszeichen«. Kam es zu einer technischen Störung, konnte Michael Wesely, der in Berlin lebt, diese schnell beheben und so die Kontinuität der Aufzeichnungen sichern.

Die Summe der täglich übertragenen komprimierten Datensätze, die im Verlauf der Projektzeit entstanden sind, beträgt 3 Millionen. Aus dieser gewaltigen Menge digitaler Informationen, die sich aus den individuellen Tagesbelichtungen ergaben, hat Michael Wesely seine fotografischen Werke gestaltet. Diese vereinen verschiedene Erscheinungsformen der Objekte und Spuren, die sie in den Aufnahmen hinterlassen. Jeder statische Gegenstand im Raum bildet sich im Filmmaterial scharf ab, während jedes Objekt, dessen Position verlagert wird oder dessen Form durch technische Eingriffe verändert wird, eine verwischte oder schemenhafte Gestalt im Bild annimmt. Wird es schnell bewegt, schreibt es sich überhaupt nicht in die Aufnahme ein und verliert seine sichtbare Existenz.

So bilden die Konturen der Haupthalle mit ihren großen gläsernen Fassaden in den Aufnahmen von Michael Wesely eine Art Innenrahmen, der die Sicht auf die städtische Szenerie vor der Neuen Nationalgalerie freigibt. Die Bilder vereinen also die Innensicht auf das Gebäude mit einer Durchsicht auf seine urbane Umgebung. Die akkumulierende Aufzeichnung sich wiederholender Jahreszeiten streut das Tageslicht und gibt ihm vor allem in den Werken, die nach Osten und Westen ausgerichtet sind und so die Summe zahlreicher Sonnenaufgänge und -untergänge in sich tragen, eine weiche, warme und eigenartige Farbgebung, die die Atmosphäre der Bilder prägt und das architektonische Konzept, das auf Transparenz und Leichtigkeit setzt, würdigt.

Die Tragwerkskonstruktion des ikonischen Gebäudes wird in diesen Bildern scharf und materialgerecht dargestellt, während andere Objekte ihre Präsenz und ihren Charakter im Lauf der Zeit verändern: Die Demontage der Garderoben führt dazu, dass sie in der Langzeitbelichtung von opaken zu transparenten Objekten werden können, und die durch das Herausheben der Granitplatten sichtbar gewordenen Lufteinschließungen verleihen dem Fußboden eine natürliche Form. Einige Zeltkonstruktionen, die auf dem Boden aufgeschlagen sind, erinnern an archäologische Grabungen und verweisen auf die besonderen Bedingungen, unter denen der konservatorische Teil der Gebäudesanierung vorgenommen wurde.

Die finalen Werke tragen den gesamten Restaurierungsprozess latent und teils auch sichtbar in sich. Die Bilder beinhalten so den architektonischen Ausgangspunkt zu Beginn der Arbeiten, den Verlauf des Sanierungsvorgangs sowie auch seinen Endzustand, der äußerlich mit der ursprünglichen Erscheinungsform von 1968 übereinstimmt. Es kommt zu dem surreal anmutenden Paradox, dass sich das Gebäude über fünfzig Jahre nach seiner Eröffnung wie neu in einem urbanen Umfeld präsentiert, das sich im Lauf der Zeit ständig verändert hat.

Die Werke von Michael Wesely vermitteln aber nicht nur eine besondere Zeiterfahrung, sondern stellen auch das traditionelle Verständnis von Fotografie als ein Medium zum Erzeugen von Dokumenten infrage. Natürlich ist jede einzelne der zweiminütigen Belichtungen streng dokumentarisch, weil sie ihr Motiv und alle in ihm ablaufenden Aktionen aufzeichnet. Damit sind Weselys Arbeiten nicht nur technisch der Überwachungsfotografie verwandt. Auch hier speichern automatische Kameras alle stattfindenden Handlungen. Aber auch ästhetisch gibt es durch die in den Aufnahmen eingenommene Aufsicht auf die Szenerie eine Verwandtschaft, weil räumliche Zusammenhänge aus einer Herrschaftsperspektive aufgezeichnet werden. Und so wie die Überwachungsfotografie auf unzähligen Aufnahmen oder einer ständigen Aufzeichnung basiert, liefern auch die im Rahmen des künstlerischen Projekts eingesetzten digitalen Kameras riesige Datenmengen, die interpretiert werden müssen. Aber anders als bei der im Rahmen der Überwachung zielgerichteten Deutung der visuellen Daten durch Spezialisten, folgt Michael Wesely bei seiner Auswahl seinem eigenen Konzept. Während die Überwachung schlussendlich auf das Einzelbild als Beweis setzt, komponiert er seine Arbeiten aus der Fülle der Belichtungen. Als Fotograf vor Ort abwesend, entsteht das Werk erst durch die Arbeit des Künstlers im Atelier als vielschichtiges und langanhaltend faszinierendes Destillat von Zeit und Raum, Darstellung und Vorstellung. So handelt es sich bei dieser Arbeit von Michael Wesely wie bei dem von Thomas Mann in seinem Roman *Der Zauberberg* (1924) beschriebenen Röntgenbild der Madame Chauchat auch um eine Form von »Innenporträt«, das auf komplexe Weise Außensicht und Innenform, Beschreibung und Interpretation in sich vereint.

*   Der Projektleiter von David Chipperfield Architects, Martin Reichert, spricht von dem Leitbild des »unsichtbaren Architekten«, vgl. Sebastian Redecke, »Die Sanierung der Neuen Nationalgerie in Berlin«, in: *Bauwelt*, Ausgabe 40, 2016, https://www.bauwelt.de/themen/bauten/Die-Sanierung-der-Neuen-Nationalgalerie-David-Chipperfield-Architects-Berlin-2713394.html.

The Photographer Is Absent

Thomas Weski

When Louis Daguerre took the first photograph of a living person in 1838/39, the light sensitivity of the silver-plated copper plate he used, sensitized with iodine vapor, was very low. To obtain a well-exposed positive image, he had to expose the material to the light falling through the lens into the camera for several minutes. The long exposure time meant that only static objects were reproduced sharply in the daguerreotype; moving objects could not leave a lasting impression on the plate during exposure and thus registered as blurred, undefined phenomena in the image, or even lost their visual existence altogether. The buildings of the Boulevard du Temple in Paris, for example, are rendered in detail in rich, gray tones, albeit technically in reverse. The traffic on the busy street, the horse-drawn carriages, and the passers-by, on the other hand, have dissolved into a veil that can only be guessed at. Only the man on the sidewalk having his boots polished has moved so little in relation to the shoeshine boy that he is sharply delineated as a solitary figure in the urban scenery.

As photographic technology progressed, film material became more light-sensitive and cameras became so mobile as hand-held devices that they no longer had to be operated from a tripod. The combination of the amount of light entering the camera, regulated by the aperture in the lens, and the exposure time, determined by the shutter in the lens or in the camera, now made it possible for the photographer to depict subjects sharply, either alone or integrated in the depth of their surroundings, and to capture them in motion.

These creative possibilities gave rise to a form of snapshot photography that continues to influence the medium's program and aesthetics to this day. The French photographer Henri Cartier-Bresson (1908–2004) shaped the way photography was understood for generations with his photographs showing the climax of an action, and hence, symbolically, its entire course. His definition of the "decisive moment" has had a style-defining effect since the middle of the last century and is still valid today.

In the groups of works he has created since the late nineteen-eighties, Michael Wesely has consciously turned against this conception of the image. He photographs his subjects with extremely long exposure times, the duration of which is either designated by him as part of the artistic concept (for example, in the series *Fünf-Minuten Porträts* or the work *Büro Helmut Friedel, 29.7.1986–29.7.1997*), or as an indication of the project's duration (in the construction of buildings taking several years, as in *Potsdamer Platz, Berlin, 27.3.1997–13.12.1998* or *The Museum of Modern Art, New York, 9.8.2001–7.6.2004*). He used analogue cameras, often homemade and, by using filters reduced the amount of light acting on the film in such a way that there was no overexposure. The long exposure of a negative is a continuous, linear process that corresponds to the actual time that has passed, storing all of the events that take place therein.

In recent years, Wesely has carried out three projects—partly in parallel—that deal with buildings by the German-American architect Mies van der Rohe (1886–1969), whose structures are stylistically characteristic of modernism. Landhaus Lemke, built in 1932 in the Berlin district of Alt-Hohenschönhausen, was the last building completed by the architect before his emigration to the United States in 1938. Here Wesely realized a project that traced a time-shifted perspective of the former owner, Karl Lemke, on the architecture of the residence, its garden and the Obersee at the end of the property, presenting the result on-site and thereby uniting two temporal levels in the image and in the exhibition.

The title of the 2019 exhibition *1:100 Past and Present* also alludes to this phenomenon. In this instance the artist returned the work to its place of origin, using a long exposure of the interior and adjacent exterior courtyard of Mies van der Rohe's Barcelona Pavilion taken over the course of a year. The large-format image was installed there in such a way that it replaced the perspective and actual scenery seen by the viewer.

The third project in this context is dedicated to the Neue Nationalgalerie, which opened in West Berlin in 1968. It is the only building that Mies van der Rohe was able to realize on his native soil after he emigrated. After more than five decades of intense use as the museum and exhibition building of the Staatliche Museen zu Berlin, Preussischer Kulturbesitz, this iconic structure will be renovated by the Berlin office of the English architect Sir David Chipperfield, David Chipperfield Architects.

With its main hall free of columns and a steel structure that is lent transparency by its glass façade, the Neue Nationalgalerie is one of the outstanding buildings of the International Style and, as an architectural monument, is subject to special requirements for basic restoration. The open main hall, located at ground level, is characterized by materials such as glass, granite, marble, steel, bronze, and exotic woods. The area below, with its exhibition and office spaces, is more functional in character. As a presentation site for twentieth-century art with transparent and accessible architecture, the building is also symbolic of a democratic, open-minded, and culturally interested post-war German society.

The restoration of the Neue Nationalgalerie began in spring 2016 and proceeded in three phases: first, the building had to be prepared for restoration; components worthy of protection and those to be reused had to be removed under conservation conditions and then registered, restored, and stored. Subsequently, the structural restoration of the reinforced concrete, the strengthening of the steel and glass structure, and the renewal of the thermal insulation and air-conditioning technology were carried out. Finally, the extension

Potsdamer Platz, Berlin (27.3.1997–13.12.1998)

was undertaken, during which as many of the original components as possible were reused. The aim of this renovation was to return the building to the condition it was in when it opened over fifty years ago while at the same time upgrading it to meet the changed requirements of today's museum operations. Chipperfield Architects exercised the greatest possible respect for the historic building and its architecture during the renovation and did not make any visible interventions. Since there was no change in the building's external appearance, the work of the architectural firm remains "invisible."*

As a rule, photographers are commissioned to document construction as part of the restoration process. Their photographs are intended to record the various sequences of works in a comprehensible manner. The objects to be photographed are therefore reproduced with an undistorted perspective, in line with the materials, and sharply focused. The more restrained photographers are in interpreting the building, the more successfully their photographs can serve as visual evidence in a possible legal dispute. Because the photographers strive for a congruence between representation and the real situation to enhance the credibility of their documents, they become invisible as authors, just like the architects commissioned with the renovation.

In spring 2016, Wesely began his long-term project *Neue Nationalgalerie Berlin 160401_201209*. The matter-of-fact title refers to the object, the place, and the time of creation. In the center of the main hall, the artist installed four digital cameras halfway through the room, each of which photographed in one of the cardinal directions, and whose images, arranged side by side, create a four-part panoramic view of the interior. In contrast to his earlier work, in which analogue cameras recorded the action in a single exposure, it is technically impossible to use digital cameras in this way, because the long exposures would lead to degradation of the image quality. Each camera

therefore captured its respective field of view in ninety-second exposures and stored the resulting digital data. Programmed accordingly by the artist, the devices began their documentation every day at sunrise and ended at sunset. In winter, this amounted to 360 exposures each day, while the long summer months resulted in 730. A total of 750,000 exposures were made with each device. Since the digital cameras are not designed to have their shutter released so often, there were often wear-related failures of the camera technology. The cameras were connected to a computer and sent a daily e-mail as a "sign of life." If a technical failure occurred, Wesely, who lives in Berlin, was quickly able to intervene and thus ensure the continuity of the recordings.

The total number of compressed data sets, transmitted daily, that were created over the course of the project amounts to three million. Wesely created his photographic works from this enormous amount of digital information that resulted from the individual daytime exposures, combining the different appearances of the objects and the traces they leave in the photos. Any static object in the space is sharply reproduced in the photographs, while any object whose position was shifted or whose shape was altered by technical intervention becomes a blurred or shadowy form in the image. If it was moved quickly, it is not inscribed in the shot at all and loses its visible existence.

Thus, the contours of the main hall, with its large glass façades, form a kind of interior frame in Wesely's photographs, providing a view of the cityscape in front of the Neue Nationalgalerie. The images therefore combine an interior view of the building with a view through to its urban surroundings. The accumulated record of repetitive seasons scatters the daylight, giving the works a soft, warm, and peculiar coloration, especially in those that face east and west, which contain the sum of numerous sunrises and sunsets. This determines the atmosphere of the

images and pays tribute to the architectural concept and its reliance on transparency and lightness.

The load-bearing structure of the iconic building is shown in sharp focus and material detail, while the presence and character of other objects change over time: the disassembly of the coat check causes it to appear first as opaque and later even as transparent objects in the long exposure; the air pockets resulting from the removal of the granite slabs give the floor a natural appearance. Some tent constructions pitched on the ground are reminiscent of archaeological excavations and refer to the special conditions under which the conservation part of the building restoration was carried out.

The final works encompass the entire restoration process latently, but partly visibly as well. The images thus contain the architectural starting point, the course of the restoration process, and its final state, which corresponds to the building's original appearance in 1968. The result is a surreal paradox in which, more than fifty years after its opening, the building presents as new in an urban environment that has since changed constantly over time.

However, Wesely's works do not only convey a special experience of time; they also challenge the traditional understanding of photography as a producer of documents. Of course, each of the two-minute exposures is strictly documentary because it records its subject and all the actions taking place within it. Thus, the relationship of his works to surveillance photography, in which automatic cameras record all the actions that take place, is not only technical. Aesthetically, too, there is kinship in the oversight of the scenery in the shots, because spatial contexts are recorded from a perspective of domination. And just as surveillance photography is based on countless shots or constant recording, the digital cameras used in the artistic project also provide huge amounts of data that must be interpreted. But unlike the targeted interpretation of visual data by specialists in the context of surveillance, Wesely follows his concept through selection. While surveillance ultimately relies on the single image as evidence, the photographer composes his work from the abundance of exposures. As he is absent from the site, the work emerges only through his practice in the studio: a multilayered and enduringly fascinating distillation of time and space, representation and imagination. Thus, like the X-ray of Madame Chauchat described by Thomas Mann in his novel *The Magic Mountain*, this work by Michael Wesely is also a form of "internal portrait," a complex combination of exterior view and interior form, description and interpretation.

*   The project manager of David Chipperfield Architects, Martin Reichert, speaks of the guiding principle of the "invisible architect"; see Sebastian Redecke, "Die Sanierung der Neuen Nationalgalerie in Berlin," Bauwelt 40 (2016), https://www.bauwelt.de/themen/bauten/Die-Sanierung-der-Neuen-Nationalgalerie-David-Chipperfield-Architects-Berlin-2713394.html.

BilderMaschine

Bernd Gruber

Michael Weselys Projekt in der Neuen Nationalgalerie Berlin betritt eine völlig neue Dimension digitaler Langzeitbelichtungen. Für Langzeitbelichtungen auf dem Medium Film benötigte man bisher lediglich eine stabile Halterung, eine Kamera in einem soliden Gehäuse und Geduld – und neben vielen Jahren Erfahrung auch ein wenig Glück. Um allerdings ein solches lange belichtetes Bild mit einer digitalen Kamera zu erstellen, sind deutlich mehr Gehäuse, eine erhebliche Anzahl von Kabeln und ein vollkommen neuer Zugang zur Arbeitsweise erforderlich.

Betrachten wir das Ganze von der technischen Seite: fotografischer Film hat einige sehr spezielle Eigenschaften, durch die sich das Material als erstaunlich ideal für extreme Langzeitbelichtungen erweist. Die Praxis der Langzeitbelichtung ist an sich kein triviales Verfahren und es erfordert Geduld, um die notwendige Erfahrung zu sammeln. Jede Belichtung dauert genauso lange wie die Zeit, die am Ende abgebildet werden soll. Das klingt zunächst nicht besonders spektakulär – allerdings schon eher, wenn es sich um eine Belichtung von einem Jahr handelt. Die Belichtungszeit auszudehnen, ist jedes Mal ein Experiment, auch wenn die Gerätschaften dafür im Grunde dieselben bleiben – eine Kamera und ein sehr stabiles Stativ. Bei mehrjährigen Belichtungen weicht die Definition von Stativ von der Norm ab: es handelt sich hierbei um eine massive Metallkonstruktion, die direkt mit einer Wand oder der Decke des Gebäudes verschraubt wird. Sie darf sich während der ganzen Zeit nicht bewegen. Nachdem die Belichtung vorüber ist, muss man nur noch sicherstellen, dass bei der Demontage der Kamera und dem Entwickeln des Films absolut nichts schiefgeht.

Was Film in einer einzigen Belichtung vermag, ist elektronischen Kameras nicht möglich. Mit digitalen Kameras erreicht die Belichtungszeit eines einzelnen Bildes ihre Grenzen schon nach wenigen Minuten.

An dieser Stelle übernimmt die »BilderMaschine« die Steuerung und Speicherung der Belichtungen. Jeder Kamera ist ein eigener Single Board Computer zugewiesen, der die Kontrolle über die Kamera hat. Der Computer mit seiner maßgeschneiderten Elektronik und Software kann Belichtung messen, Einstellungen auf der Kamera ändern und Belichtungen starten und beenden. Nachdem alle für einen Tag geplanten Aufnahmen erstellt wurden, werden die Bilddateien zu einem lokalen Netzwerkspeicher übertragen, wo sie anschließend umbenannt, analysiert und für die Nachbearbeitung katalogisiert werden. Zum Zweck der Prozesskontrolle, einem integralen Arbeitsschritt zur Identifikation technischer Fehler, werden diese gesammelten Metadaten in eine E-Mail verpackt und versendet. Das ist insofern wichtig, weil jedes elektronische Gerät mit Sicherheit irgendwann kaputtgeht, dabei ist die Frage nicht »ob«, sondern »wann«. Steckverbindungen haben die schlechte Eigenschaft, an ihren Kontaktpunkten zu korrodieren, Festplatten sind eine Art Lotterie, genauso wie Digitalkameras, und können zehn Jahre lang fehlerfrei funktionieren oder nach ein paar Tagen den Geist aufgeben. Jede einzelne Belichtung strapaziert mechanische und elektronische Komponenten und auch wenn eine erwartete Lebensdauer von ein- oder zweihunderttausend Belichtungen nach viel klingt, ist es das nicht – zumindest dann nicht, wenn die Kamera jeden Tag zwischen 360 und 730 Bilder produziert.

Bei Weselys Projekt in der Neuen Nationalgalerie waren vier Kameras in die vier Himmelsrichtungen gerichtet, deren Datenmengen schnell Festplatten mit Terabytes-Kapazität mit Information anfüllten. Mit all diesen Daten von scheibchenweiser Zeit hat sich auch das Risiko verschoben. Während man auf Film mit einem einzigen katastrophalen Ereignis die gesamte Aufnahme verlieren konnte, besteht die Gefahr nun im Verlust von einzelnen Belichtungen im Gesamtergebnis. Die unfertige Natur der digitalen Methode benötigt wiederum einen massiven

Aufwand in der Postproduktion. Die Bilder unterliegen einer strikten Struktur und werden tage- und nächtelang in spezialisierten Programmen verarbeitet. Um einen einzelnen Kalendertag von einer Kamera fertigzustellen, bedarf es eines halben Tages an Berechnungszeit.

Der Vorteil dieses hohen Aufwands liegt in der einzigartigen Gelegenheit, sich kürzere Zeitabschnitte ansehen zu können. Es erlaubt auch, den Einfluss der Zeit auf das Endergebnis zu ändern. Wo die Eigenschaften von Film fest und unabänderlich sind, haben wir nun die Möglichkeit zu steuern, wie sich einzelne Ereignisse im fertigen Bild manifestieren.

Zeit ist notwendig, um Ereignisse festzuhalten. Zeit ist notwendig, um diese Ereignisse zu visualisieren. Wir haben Zeit in Schachteln gepackt. Jetzt erzählt Zeit ihre Geschichte.

1. März 2016 / March 1, 2016   15. März 2016 / March 15, 2016   15. März 2016 / March 15, 2016

BilderMaschine

Bernd Gruber

Michael Wesely's project at Berlin's Neue Nationalgalerie was a big step up from previous digital long-exposure photography, and an even bigger step compared to long exposures done on film, for which all one needs are a stable mounting platform, a camera in a solid box, and patience, plus a tiny bit of luck on top of years and years of practical experience. Creating such an image with digital cameras requires a lot of boxes, a significant number of cables, and a whole new approach to the workflow.

Let us dive into the technical side of things. Film has some very unique properties making it astonishingly suitable for extremely long exposures. The practice of long exposures is in no way a trivial endeavor, and you need patience to gain the required experience. Every exposure has to be as long as the amount of time needed for the shot. That might sound unspectacular, but perhaps not when it comes to a one-year exposure time. Expanding the duration is always an experiment, but the hardware is usually the same, whether the process takes a few hours or a year—a camera and a very stable tripod. With multi-year exposures the word tripod deviates from the common definition: it has to be a strong metal structure, screwed directly into a wall or the ceiling of the building. It cannot be allowed to move during the whole time. After the exposure has ended, the only thing left to do is to ensure absolutely nothing goes wrong while unmounting the camera and developing the film.

What film can accomplish in a single exposure an electronic camera cannot do in the same way, as, with digital cameras, the exposure time of a single photograph reaches its limit after only a few minutes.

From this point on the "BilderMaschine" is responsible for control and storage of the exposures. Each camera has a Single Board Computer assigned to it that takes over control of the camera. The computer with its custom electronics and software can measure illumination of the scene, change settings in the camera, and start and stop the exposure. After the daily schedule of exposures is finished, the image files are transferred to a Network Attached Storage on site where they get renamed, analyzed, and cataloged in preparation for postproduction. All that metadata is bundled together, attached to an email and sent off for monitoring, a crucial part of the process. Monitoring is required to catch any technical failure that might have occurred, as any electronic device comes with the inherent certainty that at one point it will fail. It is never a question of "if," but always a question of "when." Plugs on cables have a bad habit of corroding at contact points, every hard disk is like a lottery game, just as digital cameras, lasting for ten years or failing after only a few days. Every single exposure puts stress on mechanical and electronic parts, and while an estimated life expectancy of one or two hundred thousand exposures sounds like a lot, it is not—at least not when the camera takes between 360 and 730 images every day.

For Wesely's project at the Neue Nationalgalerie, there were four cameras looking in the cardinal directions. The amount of data that these cameras accumulated resulted in hard disks piling up terabytes of information rather quickly. With all that data of sliced up time, the risk has shifted. Where with film there might have been a catastrophic loss of the entire shot, now the danger is the exclusion of a few exposures from the process. In its turn the unfinished nature of the digital method requires a massive amount of postproduction work. The images need very strict organization, and specialized software must be run for days on end. A single day from one camera, for example, takes half a day to process into a one-day composite.

The advantage of all this effort is the unique opportunity to look into smaller slices of time. It also allows one to change how time affects the final outcome. While the behavior of film is fixed and unchangeable, we now have the ability to shift how certain events register in the final image.

Time is required to capture events. Time is required to visualize these events. We have put Time into boxes. Now Time can tell its story.

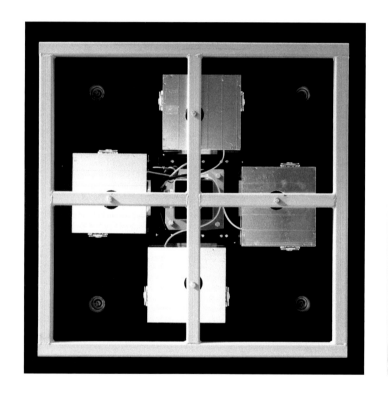  

16. März 2016 / March 16, 2016

21. November 2016 / November 21, 2016

23. November 2016 / November 23, 2016

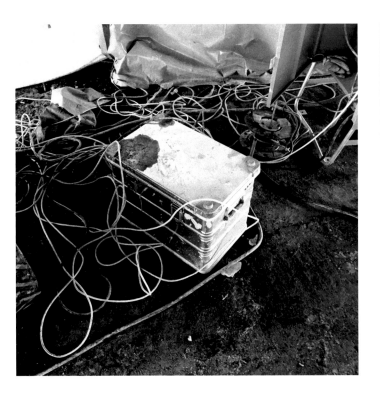  

20. Februar 2017 / February 20, 2017   4. Oktober 2017 / October 4, 2017   21. November 2017 / November 21, 2017

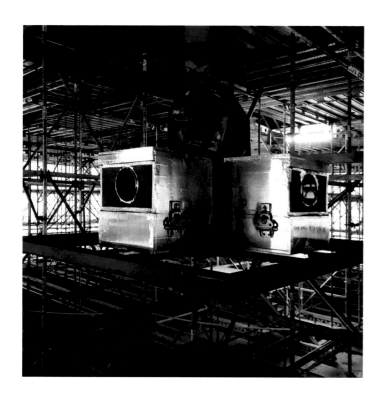  

5. Juni 2018 / June 5, 2018   12. November 2019 / November 12, 2019   15. Januar 2020 / January 15, 2020

3. August 2020 / August 3, 2020   16. September 2020 / September 16, 2020

Biografien

Michael Wesely, geboren 1963 in München, ist ein gefeierter Meister der Langzeitbelichtung. Sein präziser, dem jeweiligen Gegenstand entsprechender Einsatz dieser fotografischen Technik machte ihn weltbekannt. Seine einzigartige Ästhetik ist in zahlreichen internationalen Ausstellungen und Sammlungen vertreten. Er lebt und arbeitet in Berlin.

Bernd Gruber, aufgewachsen auf drei Kontinenten, lebt mit seiner Frau in Graz und südlich von Wien. Als Fotograf dokumentiert er die Momente des menschlichen Lebens. Als Entwickler von Kamera- und Bildverarbeitungssystemen überträgt er sein Wissen bereits seit 1996 auf Maschinen. Nach Absolvenz der Graphischen in Wien war er von 1998 bis 2002 im Studio von Frank Messlinger in München tätig, seitdem arbeitet er selbstständig. In diesem Zeitraum fällt auch die erste Zusammenarbeit mit Michael Wesely. Seit 2007 realisiert und betreut er nationale und internationale Projekte von Österreich aus.

Joachim Jäger, geboren in München, studierte Kunstgeschichte, Kulturwissenschaft und Germanistik in Tübingen, München, Philadelphia und Karlsruhe. Er war Kurator zahlreicher Ausstellungen und ist seit 1997 an der Nationalgalerie tätig, ab 2008 als Leiter der Neuen Nationalgalerie, ab 2011 als stellvertretender Direktor. Projekte (Auswahl): *Wolfgang Tillmans* (2008), *Otto Piene. More Sky* (2014), *Ernst Ludwig Kirchner. Hieroglyphen* (2016), *Picasso/Scheibitz. Zeichen, Bühne, Lexikon* (2019), *Michael Wesely. 1:100* (2019).

Alexander Schwarz ist Partner von David Chipperfield Architects, Berlin. Als Design Director ist er verantwortlich für den restauratorischen Entwurf der Neuen Nationalgalerie von Mies van der Rohe. Er ist Professor an der Universität Stuttgart und leitet dort das Institut für öffentliche Bauten und Entwerfen.

Thomas Weski war nach einem Studium der Visuellen Kommunikation im Kunsthochschulbereich der Universität/GHS Kassel von 1987 bis 1991 am Siemens Kulturprogramm in München tätig. Von 1992 bis 2000 war er Kurator für Fotografie und Medien am Sprengel Museum Hannover, von 2000 bis 2003 Hauptkurator am Museum Ludwig, Köln, von 2003 bis 2009 Hauptkurator und zuletzt stellvertretender Direktor am Haus der Kunst, München, und von 2009 bis 2015 Professor für »Kulturen des Kuratorischen« an der Hochschule für Grafik und Buchkunst in Leipzig. Seit 2015 ist er Kurator der Stiftung für Fotografie und Medienkunst mit Archiv Michael Schmidt. Weski hat zahlreiche Ausstellungen der zeitgenössischen Fotografie kuratiert. Er lebt und arbeitet in Berlin.

Biographies

Michael Wesely, born 1963 in Munich, is a celebrated master of the long exposure. His precise approach to this photographic technique, tailored to each object, has brought him world renown, and his unique aesthetic can be found in numerous exhibitions and collections around the globe. He lives and works in Berlin.

Bernd Gruber, raised on three continents, lives with his wife in Graz and to the south of Vienna. As a photographer, he documents moments of human life, and as a developer of cameras and other image processing systems, he has been transferring his knowledge into machines since 1996. He graduated from the Graphische in Vienna, and shortly thereafter, from 1998 to 2002, worked at the studio of Frank Messlinger in Munich. In the time since, he has been self-employed, and it was in this period when he first collaborated with Michael Wesely. Since 2007 he has been based in Austria, implementing and supervising both national and international projects.

Born in Munich, **Joachim Jäger** studied art history, cultural studies, and German literature in Tübingen, Munich, Philadelphia, and Karlsruhe. The curator of numerous exhibitions, since 1997 he has worked at the Nationalgalerie, becoming deputy director in 2011, and, from 2008, at the Neue Nationalgalerie as director. His projects include *Wolfgang Tillmans: Lighter* (2008); *Otto Piene: More Sky* (2014); *Ernst Ludwig Kirchner. Hieroglyphics* (2016); *Picasso x Scheibitz: Signs, Stage, Lexicon* (2019); and *Michael Wesely: 1:100* (2019).

Alexander Schwarz is a partner at David Chipperfield Architects, Berlin. As design director, he is responsible for the restoration of the Mies van der Rohe-designed Neue Nationalgalerie. He is also a professor at the University of Stuttgart, where he heads the Institute of Public Buildings and Design.

After studying visual communication at the art department of the University/GHS Kassel, **Thomas Weski** worked from 1987 to 1991 for the Siemens Arts Program, Munich; from 1992 to 2000 as curator of photography and media at Sprengel Museum Hannover; from 2000 to 2003 as chief curator at Museum Ludwig, Cologne; from 2003 to 2009 as chief curator and later deputy director of the Haus der Kunst, Munich; and from 2009 to 2015 as professor of Cultures of the Curatorial at the Academy of Visual Arts, Leipzig. Since 2015 he has been curator of the Foundation for Photography and Media Art with the Michael Schmidt Archive. Weski has curated numerous exhibitions on contemporary photography, and he now lives and works in Berlin.

11. Dezember 2020 / December 11, 2020

Danksagung

Acknowledgments

Dank an

Thanks to

Lina Kim
Agnes Kim Wesely

und an

and to

Sebastian Brückner
Nikoletta Buburas
Katharina von Chlebowski
Clemens Fahnemann
Bernd Gruber
Joachim Jäger
Rüdiger Jockwer
Christoph Knäbich
Marcus Lange
Björn Löbe
Dirk Lohan
Jürgen Lucius
Karsten Metzelthin
Christian Müller
André Odier
Philip Radowitz
Martin Reichert
Kerstin Rohrbach
Alexander Schwarz
Kilian Vedder
Nicola von Velsen
Martin Wellmer
Daniel Wendler
Thomas Weski
Jens Westphal

für ihre freundliche Unterstützung an

for their kind support to

BAL Bauplanungs und Steuerungs GmbH
Christian Müller Ingenieurbüro für Tragwerksplanung
David Chipperfield Architects, Berlin
Fedrigoni Deutschland GmbH
Maltec Malerwerkstätten GmbH
Sandstrahl Schuch GmbH
Verein der Freunde der Nationalgalerie

Impressum / Colophon

Projektmanagement / Project management:
Adam Jackman

Lektorat / Copy editing:
Christine Felhauer (Deutsch)
Benjamin Barlow (English)

Übersetzungen / Translations:
Irene Schaudies (German–English)

Grafische Gestaltung / Graphic design:
Philip Radowitz

Schrift / Typeface:
Acumin Pro und / and Elektrobrot

Verlagsherstellung / Production:
Thomas Lemaître

Reproduktionen / Reproductions:
Christiane Rothe, DruckConcept, Berlin

Druck und Bindung / Printing and binding:
Printer Trento S.r.l.

Papier / Paper:
Symbol Matt Plus, 170 g/m²

Das Papier wurde von Fedrigoni Deutschland
zur Verfügung gestellt.

The paper was provided by Fedrigoni Deutschland.

Dieser Band erscheint anlässlich der Wiedereröffnung
der Neuen Nationalgalerie Berlin im August 2021
als leicht veränderte Sonderausgabe der nummerierten
Originalausgabe vom April 2021. ISBN 978-3-7757-5033-2 /
This book is published on the occasion of the re-opening
of the Neue Nationalgalerie, Berlin, August 2021.
It is a slightly altered special edition of the original
numbered edition of April 2021. ISBN 978-3-7757-5033-2

Erschienen im / Published by
Hatje Cantz Verlag GmbH
Mommsenstraße 27
10629 Berlin
Deutschland / Germany
www.hatjecantz.com

Ein Unternehmen der Ganske Verlagsgruppe

A Ganske Publishing Group Company

ISBN 978-3-7757-5129-2

Printed in Europe